Ventes Extrêmes Avec Les Promos Flash: 1 À 7 Jours Pour Vendre Plus Qu'en 1 Mois Ou Sauver Votre Business Internet De La Faillite En Touchant Le Jackpot.

TABLE DES MATIÈRES

INTRODUCTION.

Bienvenue dans cette formation de ventes extrêmes qui va vous permettre de générer avec votre blog ou site des revenus 20 ou 30 fois supérieurs à la moyenne des sites web.

Vous faites partie d'une très petite minorité qui va découvrir exactement comment il est possible en 1 à 7 jours de générer de manière simple et efficace plus de ventes qu'en 1 mois complet.

En effet, vous allez apprendre à vendre à beaucoup plus de monde, beaucoup plus vite, beaucoup plus cher, et beaucoup plus souvent, sans forcément avoir besoin de créer de nouveaux produits.

Vous faites aussi partie de la très petite minorité des gens qui va découvrir comment vous pouvez redresser votre business en ligne et toucher le jackpot si par exemple vous êtes sur le point de mettre la clé sous la porte.

Voici donc tout ce que vous allez apprendre dans les 4 modules de cette formation :

Module #1

Au terme de ce premier module, vous allez connaître le principe des promos flashs. Vous verrez la manière dont elles utilisent la puissance des lancements orchestrés sans en avoir les inconvénients.

Vous découvrirez également comment vous pouvez faire durer plus longtemps une promo flash, qui par définition est courte, tout en maintenant l'effet d'urgence qui permet de créer l'achat en masse.

Module #2
Dans le deuxième module, vous aurez entre les mains le plan d'action détaillé simple et efficace pour mettre en oeuvre une promo flash en moins de 20 ou 30 minutes.

Il s'agit ici d'une promo flash de base, et vous verrez dans le module 4 des méthodes pour faire des promos flash avancées.

Module #3
Le troisième module va vous montrer comment créer et agrandir très rapidement et simplement votre ligne de produits afin de pouvoir installer des opérations de promo flash de manière régulière sans toujours proposer la même chose.

Une première partie de ce module vous montrera comment démarrer et créer votre ligne de produits très facilement si vous n'en avez que très peu ou aucun.

Une deuxième partie va vous montrer comment agrandir très rapidement et facilement votre ligne de produits si vous avez déjà plusieurs produits à vendre sur votre site.

A la fin de ce troisième module, vous aurez donc une ligne de produits qui vous permettra de réaliser des promos flash de manière régulière et ne pas vous arrêter à une seule.

Module #4

Le quatrième module va être dédié à réaliser des promos flash avancées.

Vous découvrirez d'abord la démarche pour réaliser une promo flash avancée qui va vous permettre de multiplier par trois ou plus vos revenus en comparaison avec une promo flash de base.

Ensuite, vous découvrirez la "technique de la dernière chance", qui a permis de sauver de nombreux business de la faillite et qui va vous permettre de sauver aussi de vôtre si vous êtes sur le point de mettre la clé sous la porte, en vous faisant toucher le jackpot.

Ainsi, vous allez redonner à l'issue de cette formation un tout nouveau souffle à votre blog ou site web, en décuplant vos revenus et en les amenant à un tout autre niveau qui n'a plus rien à voir avec ce que vous gagnez peut-être maintenant.

Cela est notamment valable si vous êtes dans une thématique très restreinte et que vous avez seulement un petit nombre de personnes et de fans qui vous suivent.

En effet, vous ne pouvez pas dans ce cas espérer trouver davantage de personnes pour acheter vos produits, puisque votre audience n'est pas extensible.

La seule solution pour vous en sortir est donc une combinaison de ces différents facteurs : pouvoir vendre à un maximum de personnes de votre thématique, pouvoir vendre des produits plus chers, pouvoir vendre beaucoup plus rapidement, et enfin pouvoir vendre à répétition aux mêmes clients.

Cette formation va vous montrer exactement comment procéder, de manière simple et efficace.

Si vous appliquez les stratégies que vous allez y découvrir, vous obtiendrez probablement avec votre toute petite audience des résultats qui vont excéder de 5, 10 ou même 30 fois des sites à grosses audiences qui ont par exemple un petit produit à vendre, ou qui utilisent les méthodes traditionnelles et inefficaces de promotion par exemple en listant tous leurs produits sur une "page catalogue".

Commençons sans plus tarder cette formation de ventes extrêmes avec le premier module qui va vous expliquer le principe des promos flash, et la façon dont elles utilisent la puissance des lancements orchestrés sans en prendre les inconvénients.

MODULE #1: PRINCIPE DES PROMOS FLASH ET COMMENT ELLES UTILISENT LA PUISSANCE DES LANCEMENTS ORCHESTRÉS SANS EN PRENDRE LES INCONVÉNIENTS.

Dans ce premier module, vous allez découvrir le principe de fonctionnement général des promos flash, et comment elles se sont inspirées des lancements orchestrés pour répliquer ce qui fonctionne bien, tout en évitant leurs énormes inconvénients.

Vous verrez dans une première partie la manière dont fonctionnent les lancements orchestrés, pour comprendre leur puissance mais aussi les gros problèmes qu'ils posent et qui peuvent vous griller pendant les 1 à 3 ans à venir.

Vous verrez ensuite le principe des promos flashs.

A la fin du module, vous aurez donc une vision d'ensemble sur la façon dont fonctionne une promo flash, et vous aurez compris pourquoi elle est si puissante de part le fait qu'elle ne prend que le meilleur des lancements orchestrés.

I.1- Principe de fonctionnement des lancements orchestrés : pourquoi ils sont si puissants et quels sont leurs problèmes énormes.

Les lancements orchestrés sont des gros lancements de produits dont le but est de faire un maximum d'argent en un minimum de temps.

L'une des premières personnes à avoir fait ça dans le marketing Internet sur des produits d'information est le marketeur Ryan Deiss, qui a pu générer par cette seule méthode plus d'un million de dollars en une seule journée.

Cependant, en plus de demander de nombreuses semaines de préparation à l'avance, le gros problème des lancements orchestrés est que beaucoup de marketeurs se sont totalement grillés et ont été totalement décrédibilisés par leur audience pendant le un à trois ans qui ont suivi le lancement.

Certains marketeurs ont théorisé les lancements orchestrés tels que Jeff Walker qui a proposé une formation d'environ 40 heures appelée "Product Launch Formula", bien souvent très rébarbative et surtout destinée aux débutants les plus basiques.

Franck Kern a également théorisé les lancements orchestrés avec sa formation "Mass Control".

Le but des lancements orchestrés est donc de dégager des revenus phénoménaux dans une très courte période de temps.

Il faut simplement être conscient qu'il faut faire pas mal de travail plusieurs semaines à l'avance et que vous risquez d'être totalement grillé et décrédibilisé par votre audience pendant les une à trois années à venir, sans compter tous les problèmes juridiques que vous risquez aussi d'avoir (vous verrez pourquoi dans un instant).

Voici donc le principe de fonctionnement d'un lancement orchestré (afin de vous économiser l'étude fastidieuse des 40 heures de vidéo de Jeff Walker ou l'achat à prix d'or de la formation "Mass Control", qui a d'ailleurs été retirée et interdite à la vente).

Vous allez ainsi voir comment utiliser les choses qui fonctionnent dans ce modèle tout en ayant un business stable dans le temps et sans vous griller avec tout le monde.

La première étape d'un lancement orchestré consiste à s'infiltrer sur plusieurs forums de votre thématique plusieurs mois à l'avance, en participant aux conversations avec des faux comptes mais sans jamais faire de promotion.

Il est même possible de faire sous-traiter cette tâche en payant une personne qui va créer ces comptes à votre place.

La deuxième étape consiste, quelques semaines avant le lancement, à trouver des partenaires de la même thématique, souvent auprès des gros blogueurs et sites de référence de la thématique, pour se mettre d'accord de faire la promotion du produit à une date de lancement, en échange d'un gros pourcentage sur les ventes.

Ainsi, le but dans cette deuxième étape est que tous les gros blogueurs de votre thématique soient au courant de votre lancement à venir, et qu'ils vous aident à le faire en faisant simultanément la promotion du produit à leur mailing list, sur leur site, sur leurs réseaux sociaux et tous les moyens disponibles pour faire le buzz.

En échange, ils ont l'assurance d'avoir une rentrée d'argent énorme de part le buzz créé, et de part par exemple une commission très élevée que vous allez leur donner.

Par ailleurs, il s'agit presque toujours d'un produit extrêmement cher, souvent avoisinant les 2000 dollars (ce qui est normal avec une telle préparation).

Le grand public n'est donc au courant de rien du tout et ne se doute absolument pas de ce qui se prépare car aucun blog ou site de la thématique n'en parle puisque tout le monde est de mèche.

Après ces deux étapes de préparation, arrive alors le jour du lancement, et voici ce qui se passe.

Le jour J, tous les faux comptes qui ont été créés sur les différents forums vont envoyer un lien vers la même chose, en disant simplement quelque chose du genre :

"J'ai vu cette chose-là, ça m'a l'air bizarre mais regardez, qu'en pensez-vous ?"

Il ne s'agit jamais d'un message promotionnel mais simplement d'une question, qui peut-même être tournée un peu de manière négative pour ne pas être suspecté de faire de la promotion.

Tous les forums de référence de la thématique sont alors inondés par ce genre de messages simultanés qui dirigent vers la même page.

Le but de la page sur laquelle vont tomber les visiteurs est de montrer un contenu gratuit (pas encore le produit à acheter), comme par exemple une série de une à trois vidéos absolument bluffantes, et qui vont susciter un intérêt monstre pour acheter le produit.

Et bien entendu, sous cette ou ces vidéos se trouve le lien vers la page de vente du produit à acheter.

Au même moment où tous les forums sont bombardés avec ce lien, tous les partenaires de votre marché lancent un mailing à leur liste avec un lien vers cette même page, et en parlent sur leur site et sur les réseaux sociaux, toujours avec le même lien.

Ils adoptent souvent une tournure comme quelque chose qui vient d'arriver et qui n'était pas du tout prévu, alors que c'était orchestré depuis trois ou quatre mois.

Ce qui se passe alors pour l'internaute moyen de la thématique est assez incroyable.

Imaginez l'internaute qui se lève le matin, et qui se retrouve avec tous les forums de la thématique qui parlent du produit.

Il va alors consulter sa boite mail où il est probablement abonné à 4 ou 5 mailing lists de figures d'autorité de sa thématique, et toutes parlent dans leurs mailings de ce produit incroyable.

L'internaute se dit alors qu'il s'agit de quelque chose de fou, et clique sur le lien.

Il tombe alors sur le contenu gratuit qui lui en met plein la vue et qui le bluffe.

Il clique alors sur le lien juste sous la vidéo pour en savoir plus, et il arrive sur la page de vente du produit à 2000 dollars.

Sur cette page de vente, le message promotionnel lui redit qu'il s'agit de quelque chose de fou et que tout le monde en parle (ce qui est vrai puisqu'il constate par lui-même cette forte preuve sociale et que tous les référents et forums de sa thématique font un gros tapage autour de ça, mais il ignore que tout est truqué et orchestré).

Puis, la page de vente amène une notion d'urgence pour agir rapidement, en lui disant par exemple qu'il faut se dépêcher à acheter car il ne reste plus que 50 places disponibles.

Et pour couronner le tout, il voit sur la page de vente les signatures et témoignages de toutes les personnes d'autorité de sa thématique qui vantent le produit.

Il a donc une confiance absolue dans la qualité du produit, et passe à l'achat.

Cette technique a permis à Franck Kern de gagner plus de 20 millions de dollars en vendant sa formation "Mass Control" avec un lancement orchestré, si on considère aussi les affiliés qui ont fait la promotion du produit.

En effet, il y a non seulement les partenaires principaux (qui prennent la plus grosse commission), mais il y a également tous les affiliés de base qui ensuite font la promotion du produit et qui touchent une plus petite commission.

Cependant, si cela leur permet de gagner des revenus phénoménaux en un minimum de temps, le lancement orchestré peut également amener un nombre incroyable de problèmes, qu'on va voir en page suivante.

Les 3 gros problèmes des lancements orchestrés.

Le premier problème si vous faites un lancement orchestré, est que vous allez totalement vous griller et vous décrédibiliser sur votre marché.

En effet, les gens ne sont pas des imbéciles et vont vite se rendre compte qu'on s'est fichu d'eux, et que tous ceux qui ont participé à ce lancement ont organisé une sorte de faux buzz.

Vous allez donc perdre presque instantanément votre audience et perdre leur confiance, et détruire tous les efforts qui ont été mis à construire une relation avec vos prospects et clients.

C'est donc une stratégie à appliquer si vous voulez abandonner le navire et mettre un terme définitif à votre business.

Le deuxième problème est que vous risquez d'avoir des problèmes juridiques.

Le produit que les gens ont acheté n'est pas un simple produit à 50 ou 100 dollars, mais un produit qui en vaut 1500 ou 2000.

Se faire avoir sur 40, 50 ou même 100 dollars n'entraîne pas du tout la même réaction que se faire avoir sur 1500 ou 2000 dollars.

Si dans le premier cas il n'y a pas forcément de suites, beaucoup de personnes vont vouloir récupérer leurs 2000 dollars en constatant que le produit est de très basse qualité et qu'ils sont tombés dans une escroquerie à grande échelle.

Les gens vont alors monter des blogs pour faire de la mauvaise publicité, et chercher la moindre petite faille pour faire tomber les marketeurs peu scrupuleux et récupérer leurs 2000 dollars.

C'est ainsi que Franck Kern a eu un procès et a perdu ses millions et deux fois sa maison, car il a violé une loi interdisant les ententes sur les prix en conseillant de le faire avec ses partenaires de lancement orchestré dans sa formation "Mass Control".

Enfin, le troisième problème est que vous n'allez pas pouvoir reproduire un lancement avant plusieurs années, vu que vous vous êtes grillés auprès de tout votre marché.

Ainsi, si les lancements orchestrés permettent de générer des revenus phénoménaux en un minimum de temps, ils n'en demeurent pas moins être un schéma extrêmement machiavélique et une arnaque immense à grande échelle.

En revanche, il est possible d'utiliser les éléments qui font la puissance de ce modèle pour créer une promotion qui fonctionne, tout en évitant les problèmes des lancements orchestrés, c'est à dire en s'assurant d'avoir un business stable et de ne pas se griller avec tout le monde.

Les éléments à utiliser des lancements orchestrés.

On peut notamment utiliser l'effet preuve sociale en montrant qu'il y a plein de personnes intéressées par le produit, par exemple en mettant un nombre limité de places, ou en faisant un marketing négatif en disant par exemple :

"Je n'ai pas envie de vendre ce produit à tout le monde. Il n'y a que 60 places disponibles, j'ai 30000 personnes sur ma mailing list. Elles risquent donc de partir très vite, alors décidez-vous maintenant si vous êtes vraiment intéressés."

En montrant que vous n'êtes pas dans le besoin et que ça ne changera rien pour vous qu'une personne décide ou pas d'acheter, vous allez rendre votre offre extrêmement attirante.

Un autre élément qu'on peut aussi utiliser est l'effet d'urgence, d'une part par le nombre de places disponibles, mais aussi par le prix, en disant que le prix est valable jusqu'à ce soir à minuit et qu'il changera demain.

Il est ainsi possible de créer des mini-lancements ou mini-promotions sur votre site et utiliser la puissance des lancements orchestrés sans en avoir tous les inconvénients.

C'est ce qu'on va voir dans la partie suivante en voyant le principe des promos flash.

I.2- Principe général des promos flash.

Le grand intérêt et la force des promos flash est qu'elles permettent de répliquer ce qui fonctionne bien dans un lancement orchestré sans se griller avec tout le monde et perdre sa crédibilité avec son audience et ses inscrits pour les un à trois ans à venir.

Par ailleurs, les promos flash vont éviter de devoir créer un club fermé de partenaires où vous avez en quelque sorte l'obligation implicite de réciprocité vis-à-vis de vos partenaires.

En effet, s'ils ont accepté de vendre votre produit au travers d'un lancement orchestré, ils attendent probablement un retour d'ascenseur de votre part à un moment donné.

C'est d'ailleurs comme ça que fonctionnent les lancements orchestrés et chaque membre du groupe va organiser à son tour un lancement, et les autres membres vont l'aider en vendant son produit.

Le problème est donc qu'au final, les clients ne font plus la différence entre les produits des uns et des autres, et en plus vous n'êtes même plus libre d'avoir des tarifs plus élevés puisque vous vous êtes alignés sur les prix, ce qui est par ailleurs illégal.

La promo flash repose sur un principe beaucoup plus simple et efficace, sans avoir tous ces problèmes.

Par ailleurs, en plus de donner des résultats extrêmes en termes de ventes, elle est très rapide à mettre en place et vous pouvez tout installer en 20 ou 30 minutes et constater vos premiers résultats dès demain.

Même si vous avez actuellement une mailing list ou une audience restreinte, vous allez pouvoir obtenir des revenus qui dépassent vraiment la moyenne.

Les résultats n'ont plus rien à voir avec tout ce qu'on peut obtenir lorsqu'on vend sur un modèle traditionnel où par exemple tous vos produits sont listés sur une page catalogue de votre site ou blog.

Ce qui est important, sera de lancer des promos flash régulièrement afin de ne pas seulement faire un seul gros coup, mais d'installer une régularité avec un calendrier pour en faire par exemple toutes les semaines ou toutes les deux semaines.

Voici le principe général d'une promo flash qui combine simultanément quatre éléments :

1- Lancer un nouveau produit ou à relancer un ancien produit.

2- Faire une réduction de prix.

3- Donner une raison valide qui explique pourquoi on fait une réduction.

4- Donner une date limite pour profiter de la réduction.

(Note : il peut aussi s'agir de donner un bonus ou un avantage au lieu de faire une réduction de prix).

Par exemple, vous pouvez lancer un nouveau produit le mardi matin en envoyant un mailing disant à vos inscrits :

"Je lance tel produit ou je ressors tel produit. Pour telle raison valide, vous pouvez encore le télécharger avec 50 euros offerts jusqu'à ce soir à minuit."

En deux ou trois phrases, votre mailing est prêt à être envoyé et contient les 4 éléments ci-dessus.

L'idée de la promotion flash est de ne jamais faire durer la promotion trop longtemps.

Ce qui fonctionne le mieux est un délai de 24 heures. Ensuite, un délai de 48 heures fonctionne toujours plus ou moins bien.

En revanche, le nombre de ventes baisse drastiquement une fois que la promotion dépasse les 4 jours et n'a plus du tout le même impact.

Ainsi, le simple fait d'envoyer un mail comportant ces 4 éléments permet d'obtenir des résultats dépassant de loin tout ce qu'un marketeur faisait avant lorsqu'il ne faisait pas de promotion.

Par ailleurs, une promo flash fonctionne tellement bien qu'il est légitime de se demander comment étendre le mécanisme d'urgence qui en fait son succès, afin de vendre encore beaucoup plus.

En effet, l'avantage d'une promo flash est aussi son problème : c'est la limite de temps très courte.

La limite de temps permet de créer l'effet d'urgence qui explique pourquoi les gens achètent autant.

Par contre, s'il y a une limite de temps par exemple de 24 heures et que les gens voient le message trop tard, ils ne peuvent plus acheter et vous perdez de nombreuses ventes.

Il arrive d'ailleurs souvent de recevoir de nombreux emails de personnes qui demandent si la promotion est encore valide parce qu'elles ont ouvert l'email trop tard.

Vous allez voir dans la page suivante comment étendre la promo flash afin de vendre beaucoup plus et d'éviter de perdre des ventes.

I.3- Comment faire durer une promo flash pour vendre plus tout en maintenant l'effet d'urgence.

La solution est à la fois simple et ingénieuse et consiste à créer des paliers.

Par exemple, vous pouvez créer un premier palier qui prend fin au bout de 24 heures, avec une grosse réduction de prix en disant que vous proposez 50 euros offerts jusqu'à demain à minuit.

Puis vous pouvez créer un deuxième palier à partir du lendemain à 10h00, où vous allez proposer 30 euros offerts.

Vous allez ensuite faire la même chose le surlendemain en proposant 10 euros, etc.

Par ailleurs, vous pourrez faire durer le dernier palier un peu plus longtemps, afin de rallonger encore un peu plus la durée de votre promo flash.

Ceci termine ce premier module.

Vous connaissez désormais la mécanique générale de fonctionnement d'une promo flash.

Vous avez vu comment elle utilise la puissance des lancements orchestrés tout en évitant ses problèmes énormes, afin de vous permettre d'avoir un business stable dans le temps et sans vous griller avec tout le monde et perdre toute crédibilité dans votre thématique.

Vous avez également vu comment faire durer une promo flash pour faire encore plus de ventes, éviter que certaines personnes ne lisent votre email trop tard, tout en maintenant l'effet d'urgence qui fait que les gens achètent.

Maintenant que vous connaissez le principe général d'une promo flash, vous allez voir dans le deuxième module comment mettre en place la version de base d'une promo flash.

MODULE #2: LE PLAN D'ACTION SIMPLE À RECOPIER POUR METTRE EN OEUVRE UNE PROMO FLASH.

La première chose à faire avant de mettre en place une promo flash est de décider du nombre de paliers que vous allez utiliser.

Comme on l'a vu dans le module précédent, les paliers vont vous permettre de prolonger votre promotion flash afin de faire plus de ventes et vous assurer que même ceux qui ouvrent vos emails un peu tard puissent aussi en profiter.

L'idéal est de faire une promo flash en utilisant un minimum de trois paliers, quatre si vous voulez.

Il suffit donc de préparer un email de lancement et un email de relance pour chaque palier et de changer votre page web à intervalles réguliers.

Par exemple si vous avez trois paliers dans votre promo flash, il vous faudra préparer six emails.

Il est en effet très important de faire une relance par email pour chaque palier avant d'entamer le suivant car cela vous permettra de vendre extrêmement plus (on verra ça plus en détails un peu plus loin).

Ce qu'il faut savoir, c'est que les tests indiquent qu'en général 36% des ventes sont faites le premier jour lors du premier palier.

Donc, si vous ne faites pas d'autres paliers ni d'autres relances, alors vous vendrez beaucoup moins.

Aussi, vous pouvez tripler vos ventes si vous faites des paliers et des relances.

C'est la raison pour laquelle il est important d'avoir au moins trois paliers.

C'est en général sur les deux premiers paliers que vous allez vendre le plus et le plus rapidement.

Puis, si vous en avez ensuite un troisième qui dure un peu plus longtemps que les deux premiers par exemple sur l'espace d'une semaine, alors vous pourrez encore vendre un peu, même si c'est dans une moindre mesure.

Voici donc la manière dont vous pouvez procéder.

Vous pouvez par exemple faire un premier palier qui dure 1 ou 2 jours.

Si vous le faites sur 2 jours, vous pouvez par exemple envoyer votre premier email de promo flash le mardi matin à 10h00, puis votre email de relance le mercredi à 10h00.

Si vous le faites sur 1 jour, vous pouvez envoyer votre premier email à la même heure, et un email de relance par exemple à 18h00 ou 19h00, pour indiquer à vos inscrits qu'ils ont jusqu'à minuit pour profiter de votre offre.

Notez que seuls les tests avec votre mailing list pourront vous permettre de déterminer quels sont les meilleurs jours et meilleures heures où vos inscrits seront les plus réceptifs.

Tout dépend de la relation que vous avez avec vos inscrits, et tout dépend de votre thématique.

Il vous suffira de regarder les taux d'ouvertures, de clics et ventes que vous réalisez à l'aide du tableau de bord de votre autorépondeur, et de choisir au fil de vos promos flash les jours et heures qui donnent les meilleurs résultats avec votre liste.

Une fois que votre palier est terminé, vous allez alors mettre à jour votre page web en augmentant le prix ou en modifiant l'avantage que vous proposez, puis faire un deuxième palier qui dure aussi 1 ou 2 jours.

Vous allez procéder de la même manière que pour le premier palier, toujours en faisant un email de relance.

La seule différence avec le premier palier est que vous allez proposer un prix un peu moins avantageux, mais qui reste tout de même très avantageux.

Par exemple si vous vendez un produit d'information dont le plein tarif est 197 euros, le premier palier peut par exemple le proposer à 57 euros en faisant une réduction de 140 euros, et le deuxième palier peut le proposer à 97 euros en faisant une réduction de 100 euros.

Une fois votre deuxième palier terminé, vous allez alors refaire la même chose avec un troisième palier que vous pourrez faire durer plus longtemps que les deux premiers s'il s'agit de votre dernier palier.

Si votre dernier palier est un quatrième palier, faites alors durer le troisième palier aussi longtemps que les deux premiers. C'est le quatrième palier que vous ferez dans ce cas durer plus longtemps vu qu'il s'agira du dernier.

Si votre troisième palier est le dernier, vous pouvez par exemple le faire durer 4 jours, ou jusqu'à la semaine d'après.

Le but de ce troisième palier est simplement de faire en sorte que les retardataires puissent aussi avoir une petite réduction ou un petit avantage, mais il va être beaucoup moins intéressant que les deux premiers paliers en termes de réduction de prix ou d'avantages.

L'idée est en effet que les deux premiers paliers soient extrêmement attirants avec une grosse promotion sur le prix ou un gros avantage, et ensuite vous pourrez donner un avantage moindre à ceux qui achètent lors du dernier palier, histoire qu'ils puissent aussi bénéficier de quelque chose, même s'il s'agit de quelque chose de minime.

Bien entendu, la promo flash peut se faire avec des réductions de prix, mais il peut aussi s'agir d'offrir d'autres avantages en plus, comme par exemple des bonus en plus, une heure de consulting avec vous, etc.

C'est à vous de voir quoi proposer comme cadeau ou bonus si vous ne souhaitez pas faire une promo flash basée sur le prix, mais sachez que c'est tout-à-fait possible.

Par exemple, vous pouvez offrir lors du premier palier 3 cadeaux A, B et C en plus de votre produit. Les cadeaux A et B étant de grande valeur, et le cadeau C étant de moindre valeur.

Lors du deuxième palier, vous pouvez dire aux gens qu'ils ont encore droit aux cadeaux B et C, puis le troisième palier leur dira qu'ils ont encore droit au cadeau C, qui sera un peu le lot de consolation.

Par ailleurs que vous choisissiez de baser votre promo flash sur les prix ou sur autre chose, il est capital de dire dans chacun de vos emails la raison pour laquelle vous avez décidé de créer la promo flash.

Rappelez-vous, donner une raison valide fait parti des 4 éléments d'une promo flash que vous avez vus au I.2.

Il est parfois difficile de trouver une raison valide à chaque fois, surtout lorsque vous faites des promos flash régulières par exemple toutes les semaines.

Cela dit, vous vendrez bien mieux en donnant une raison valide, donc n'oubliez pas d'en mettre une.

Voici en page suivante une liste de 7 raisons valides desquelles vous pouvez vous inspirer pour créer vos promos flash.

7 raisons valides à utiliser pour créer vos promos flash.

1- Fêter le lancement d'un produit.

S'il s'agit d'un nouveau produit, vous pouvez utiliser cette raison comme prétexte pour votre promo flash.

2- Fêter un nombre de stock limité.

Vous pouvez fêter le succès de votre produit et faire une promo flash pour écouler les 20 ou 30 exemplaires restants.

3- Remercier les gens d'être clients.

Parfois, il est appréciable pour vos clients de les remercier d'acheter chez vous. C'est une excellente raison à évoquer pour leur faire une réduction de prix ou leur offrir un avantage lors d'une promo flash.

4- Remercier les gens de vous suivre.

De la même manière, vous pouvez remercier la fidélité de vos prospects, et le fait qu'ils vous suivent ou fassent partie de votre mailing list.

5- Votre anniversaire.

Voici une autre excellente raison valide à évoquer pour "payer votre coup" en quelque sorte avec vos inscrits au travers une promo flash.

6- Une fête (Noël, Halloween, Pâques, etc.).

Vous pouvez évoquer Noël qui donne une raison parfaite pour faire une promo flash. Vous pouvez aussi évoquer d'autres fêtes comme Halloween, en faisant une promo flash thématique.

7- Fêter les X fans sur les réseaux sociaux.

Pour l'occasion de vos 500, 1000 ou 20000 like sur Facebook, abonnés sur Twitter ou Youtube, ou à l'occasion de vos 10000 ou 100000 vues sur Youtube, vous pouvez proposer une promo flash pour fêter l'évènement.

Ainsi, quelle que soit la raison valide que vous allez évoquer, il vous suffira de dire dans vos emails quelque chose du style :

"Pour telle raison valide, j'ai décidé de vous offrir telle réduction sur ce produit, et vous avez jusqu'à tel jour telle heure pour en profiter".

Enfin, pour terminer avec ce module, sachez que vous pouvez aussi si vous le souhaitez accentuer encore plus l'effet d'urgence de votre promo flash en jouant non seulement sur une limite de temps, mais sur un nombre de places disponibles.

Ainsi, si les gens savent que votre promo se termine ce soir à minuit et qu'en plus il ne reste que 14 places pour en profiter, il est probable que vous suscitiez un rush encore plus grand pour acheter le produit.

Ceci termine ce deuxième module.

Vous connaissez désormais le plan d'action détaillé pour mettre en oeuvre une promo flash de base.

Vous voyez que ce n'est pas plus compliqué que ça.

Si vous mettez ça en place et faites les tests aujourd'hui, vous allez voir que vous allez vendre beaucoup plus.

Il s'agit ici de la formule la plus simple et qui demande le moins de temps de travail.

Beaucoup de personnes n'utilisent les promos flash qu'avec un lancement d'un nouveau produit, mais l'idée est aussi d'utiliser les promos flash pour faire des relancements en ressortant par exemple un même produit tous les trois mois.

Il vous suffit pour ça de simplement relancer un produit que vous avez déjà en lui rajoutant quelque chose, et de dire qu'il s'agit de la nouvelle version, ou de la nouvelle façon d'obtenir telle ou telle chose.

En effet, le cerveau est attiré par tout ce qui est nouveau, car tout ce qui est nouveau intrigue et aiguise la curiosité.

Ainsi, vous n'avez qu'à reprendre vos anciens produits et rajouter par exemple trois pages à une méthode PDF que vous avez créée, ou un petit module supplémentaire ou application pratique à une formation vidéo en disant qu'il s'agit de la nouvelle manière de faire X, d'obtenir Y ou de résoudre Z.

Cela ne demande qu'un minimum de travail et vous ferez un carton en termes de résultats.

D'ailleurs, le simple fait de rajouter ce quelque chose à un ancien produit ou de dire qu'il s'agit d'une nouvelle version ou d'une nouvelle façon de faire ci ou ça peut en soit être la raison valide que vous allez utiliser pour faire votre promo flash.

L'art de faire du neuf avec du vieux.

D'ailleurs, vous allez voir dans le module suivant comment créer et agrandir très rapidement et facilement votre ligne de produits pour faire des promos flash sur une base régulière, en particulier si vous n'avez que peu de produits actuellement, voire même pas de produits du tout.

MODULE #3: COMMENT CRÉER ET AGRANDIR TRÈS RAPIDEMENT VOTRE LIGNE DE PRODUITS.

Dans ce troisième module, vous allez découvrir comment vous pouvez facilement et rapidement créer et élargir votre ligne de produits.

Avoir une large ligne de produit est important car c'est ce qui va vous permettre de vendre à de nombreuses reprises à vos clients et d'installer une régularité dans les promotions que vous allez faire.

Avec une large ligne de produits, vous allez ainsi pouvoir avoir un modèle de business stable dans le temps en faisant par exemple une promo toutes les semaines ou tous les quinze jours, plutôt que de ne faire qu'un ou deux gros coups avec une ou deux promos flash en ayant un ou deux produits.

Pouvoir vendre à répétition aux mêmes clients et pouvoir vendre des produits plus chers est donc essentiel pour décupler vos revenus sur le long terme, en particulier si vous êtes dans une thématique qui possède une audience restreinte.

Ainsi, vous allez être capable d'atteindre des revenus extrêmement élevés sur un petit marché qui vont excéder le 5, 10 ou même 30 fois les revenus de sites à grosses audiences et qui n'ont qu'un petit produit à vendre.

Par ailleurs, vous utiliserez en plus en faisant des promos flash des techniques promotionnelles qui n'ont plus rien à voir avec les techniques traditionnelles inefficaces qui consistent par exemple à présenter tous ses produits sur une page web catalogue, et qui laissent une infinité de choix aux clients.

Et bien souvent, avoir trop de choix signifie pas d'achats car les gens sont paralysés par les choix.

Le fait d'avoir moins de choix comme vous le faites en présentant un produit avec les promos flash va aider les gens à choisir et ils ne seront plus paralysés par le fait d'avoir trop de choix différents.

C'est d'ailleurs pour ça que des bouquets de chaînes télé thématiques sont proposés aux gens (cinéma, famille, sport, etc.) plutôt que de les laisser composer leurs propres listes de chaînes entre un choix de 500 ou 700 chaînes.

Moins les gens ont de choix et plus vous leur proposez un chemin tout tracé, et plus ils vont acheter.

Ceci étant dit, vous allez donc dans un premier temps voir comment démarrer et créer facilement votre ligne de produits si vous n'avez actuellement que deux ou trois produits, voire peut-être pas du tout.

Vous verrez ensuite dans un second temps comment vous pouvez agrandir votre ligne de produits très facilement et rapidement, sans avoir à créer de nouveaux produits.

III.1- Comment démarrer et créer rapidement votre ligne de produits même si vous n'en avez aucun.

La première chose à faire si vous n'avez que très peu de produits actuellement voire pas du tout, est de développer le nombre de produits qui vont servir ensuite de base à élargir votre ligne de produits.

Cependant, vous allez voir une façon très simple de le faire, car beaucoup de personnes imaginent le fait de créer un produit d'information comme étant quelque chose de compliqué voire parfois d'insurmontable.

En effet, vous n'avez nullement besoin de créer des produits d'information pendant des mois en vous enfermant dans une cave sans voir le jour.

Par ailleurs, peut-être que vous n'êtes pas à l'aise devant une caméra ou devant un micro.

Même si le but de cette formation n'est pas de vous montrer en détails la création de produit, voici quelques idées qui vont vous permettre de débloquer la situation et vous permettre de démarrer et créer votre ligne de produits facilement.

Imaginons que vous preniez trois à cinq personnes (amis, visiteurs de votre blog, inscrits à votre mailing list, famille, collègues, etc.) qui connaissent le sujet de votre thématique et qui apprécient et s'intéressent à ce que vous faites.

L'idée consiste à proposer ou à offrir gratuitement à ces personnes un week-end ou une après-midi ou matinée de

2, 3 ou 4 heures de formation dans une salle chez quelqu'un ou en réservant par exemple une salle de conférence dans un hôtel.

Vous allez leur dire que ça vous permet de vous entraîner car vous n'avez jamais fait ça auparavant, et qu'en échange ça leur permet d'apprendre quelque chose et de passer un bon moment ensemble.

La seule chose, est que vous allez mettre une caméra qui va enregistrer la vidéo de la conférence, ou alors simplement un micro qui va enregistrer l'audio.

Si vous faites ça, vous vous retrouverez à la fin de la journée avec cinq à huit heures de formation audio ou vidéo (ou deux à quatre heures si vous avez choisi juste une après-midi ou une matinée) que vous allez pouvoir vendre derrière.

Si vous faites ça toutes les semaines pendant plusieurs semaines d'affilée sur des thématiques différentes, vous repartirez alors à chaque fois avec des produits de cinq à huit heures qui seront vendables des centaines d'euros s'ils sont basés et orientés vers l'obtention de résultats concrets et vers la résolution de problèmes, comme par exemple "comment obtenir tel résultat".

Ainsi, vous pouvez déjà en avoir 4 en à peine un mois si vous faites ça toutes les semaines, et une dizaine en deux mois et demi, ce qui va déjà vous faire une bonne base.

Pour aller encore plus vite vous pouvez aussi en faire un le matin et un autre l'après-midi sur une thématique différente lors de votre journée de formation.

Vous pouvez même faire en une journée 4 produits différents de 2 heures chacun et obtenir 10 à 12 produits en moins de trois semaines.

Tout dépend bien entendu du rythme que vous souhaitez vous fixer et de vos priorités de vie.

Vous pourrez ensuite soit continuer sur cette cadence quelques semaines pour en créer encore davantage, soit diminuer la cadence en passant sur une base bimensuelle ou mensuelle.

Vous voyez que cela peut aller extrêmement vite et que ça semble désormais beaucoup moins impressionnant qu'il n'y paraît.

Par ailleurs, vous pouvez aussi en profiter pour faire cette journée payante et en faire un mini-business à part entière pour être gagnant sur tous les tableaux.

Mais si vous décidez de la faire gratuite et ne pas faire payer les gens qui viennent, vous pouvez faire par exemple gagner des places.

Vous créez ainsi une incentive énorme si par exemple vous proposez ça sur votre blog ou que vous faites un concours sur votre page Facebook, en disant que vous payez une journée gratuite sur tel ou tel sujet, et que les cinq prochains à répondre pourront venir.

Il existe bien évidemment énormément d'autres idées pour créer vos produits facilement et rapidement, comme par exemple des coachings par téléphone ou par skype que vous pouvez ensuite enregistrer et vendre, des mini-évènements en ligne dans lesquels vous répondez aux questions des gens et que vous vendez ensuite, ou encore des interviews de différentes personnes connues de votre thématique, etc.

En tous les cas, il existe plein de façons de créer du contenu.

Et si vous avez des idées, le seul problème est simplement de les transformer en un produit que les gens puissent acheter, quel qu'en soit le moyen.

En effet, si vos idées restent dans votre tête, personne ne pourra les acheter, et cette première partie vous a montré comment vous pouviez facilement et rapidement démarrer et créer votre ligne de produits.

Une fois que vous avez constitué une base de produits par exemple une dizaine, une vingtaine ou une trentaine, vous allez maintenant voir dans la partie suivante comment vous pouvez très facilement et rapidement agrandir votre ligne de produits, sans forcément avoir besoin d'en créer de nouveaux.

III.2- Comment agrandir votre ligne de produits facilement et rapidement sans créer de nouveaux produits.

Une fois que vous avez un stock de base de plusieurs produits, vous allez maintenant pouvoir vendre plusieurs produits en même temps en les mettant dans un pack thématique.

L'avantage est triple.

D'une part, ça vous évite de créer de nouveaux produits. D'autre part, ça vous permet de vendre un produit beaucoup plus cher qu'un produit simple. Enfin, ça vous permet de pouvoir relancer le potentiel d'achat d'anciens produits qui ne vous rapportaient plus d'argent.

(Pour faire une parenthèse, une autre manière pour relancer un ancien produit est également d'y rajouter par exemple un guide PDF, un petit module supplémentaire ou deux ou trois pages en plus s'il s'agit d'une méthode PDF, et de présenter le produit comme étant la nouvelle version, ou la nouvelle façon de faire ci ou ça. Nous avons abordé ça à la fin du deuxième module).

Ainsi, si vous avez par exemple 2 ou 3 formations ou produits, vous pouvez proposer un pack avec toutes les formations ou produits à l'intérieur.

De cette manière et sans même avoir besoin de créer de nouveaux produits, vous pouvez vendre plus cher des produits à des gens qui n'auraient peut-être jamais payé ce prix si les produits étaient proposés séparément.

Cela vous permet donc d'étendre votre ligne de produits extrêmement facilement et rapidement en créant de nouveaux produits beaucoup plus chers qui sont des packs thématiques.

Ceci termine ce troisième module.

Vous avez ainsi découvert comment créer et agrandir facilement et rapidement votre ligne de produits.

Vous avez vu dans une première partie la façon simple pour démarrer votre ligne de produits si vous n'en avez actuellement qu'un ou deux, voire aucun, et comment se décomplexer vis-à-vis de la création de produits.

Comme vous avez pu voir, vous pouvez créer un produit d'information de manière beaucoup plus simple et moins impressionnante qu'il n'y paraît.

Vous avez ensuite vu dans une deuxième partie comment vous pouviez étendre votre ligne de produits par la création de packs thématiques.

Les avantages sont multiples et vous permettront de vendre des produits à des tarifs beaucoup plus élevés sans même à avoir besoin de créer de nouveaux produits.

Maintenant que vous avez une large ligne de produits, vous allez pouvoir faire des promos flash sur une base régulière qui propulsera vos revenus d'autant de fois que vous ferez des promos.

Vous aurez ainsi un modèle de business extrêmement stable dans le temps qui vous permettra de reproduire chaque semaine ou toutes les deux semaines une opération extrêmement lucrative avec les promos flash.

Vous allez maintenant voir dans le prochain module des modèles de promos flash avancés qui vont vous permettre de gagner trois fois plus qu'un modèle de base, ou de toucher un véritable jackpot si par exemple votre business est au bord de la faillite.

MODULE #4: LES MODÈLES DE PROMOS FLASH AVANCÉS POUR VENDRE TROIS FOIS PLUS OU POUR TOUCHER LE JACKPOT

Dans ce quatrième module, vous allez découvrir deux modèles avancés pour faire des promos flash.

Le premier modèle va vous permettre de vendre en moyenne trois fois plus qu'une promo flash de base.

Le deuxième modèle va vous montrer la technique de la dernière chance pour toucher le jackpot si votre business se porte mal et que vous êtes sur le point de mettre la clé sous la porte. Ce modèle a sauvé de nombreux business de la faillite et vous saurez le mettre en application à la fin de ce module.

IV.1- Comment faire une promo flash avancée pour vendre trois fois plus qu'une promo flash classique.

Ce modèle de promo flash avancé va en effet vous permettre de vendre en moyenne trois fois plus que le modèle de base que vous avez vu lors du deuxième module.

Il consiste essentiellement dans le choix des produits en faisant une promo flash sur un produit qui est à la base beaucoup plus cher.

La meilleure façon pour faire ça est de vous servir des packs thématiques que vous avez créés lors du troisième module.

Plutôt que de faire une promo flash de base sur un produit simple qui coûte 100 ou 200 euros, vous allez ici faire une promo flash sur un pack thématique qui regroupe 2, 3 ,4 ou 5 produits autour d'un thème spécifique relatif à votre thématique, et qui du coup va coûter beaucoup plus cher.

Comme on l'a vu dans le troisième module, vous pourrez vendre ce genre de pack thématique beaucoup plus cher, et donc gagner beaucoup plus lors de votre promo flash.

Prenons un exemple.

Admettons que vous fassiez une promo flash de base en trois paliers en utilisant un produit simple à 97 euros, en faisant un premier palier à 47 euros, un deuxième à 57 euros, et un troisième moins avantageux à 87 euros.

Supposons maintenant que vous fassiez une promo flash avancée en trois paliers en utilisant un pack thématique.

Si votre pack regroupe par exemple 4 de vos produits et en considérant que vous avez déjà commercialisé ces produits, vous pourrez par exemple vendre ce pack thématique 297 euros, la somme des 4 produits séparément étant de 388 euros.

Vous pourriez ainsi avoir un premier palier à 147 euros, un deuxième à 187 euros et un troisième moins avantageux à 257 euros.

Vous voyez qu'au final avec la promo flash d'un pack, le prix à payer lors du premier palier pour avoir 4 produits (147 euros) n'est finalement pas beaucoup plus élevé que le prix à payer pour un produit unique lorsque celui-ci est vendu au plein tarif (97 euros).

Cela rend donc l'opération extrêmement attirante pour votre audience et vous permet au passage d'empocher environ trois fois plus qu'avec la promo flash d'un produit simple au même palier (donc 147 euros au lieu de 47 euros).

Par ailleurs, il y a des chances que le nombre d'acheteurs dans un cas comme dans l'autre soit relativement stable, mais le meilleur moyen de le déterminer est de faire les tests pour voir de quelle manière vos fans répondent le mieux.

En effet, certaines personnes n'achèteraient pas un pack thématique car c'est trop cher pour eux ou ils ont déjà un ou plusieurs produits du pack, alors que d'autres personnes n'achèteraient pas un produit seul car elles attendraient d'avoir une réduction maximale avec un pack thématique.

Parfois vous pourrez avoir un nombre d'achats beaucoup plus élevés avec un produit simple, d'autres fois avec un pack thématique, et d'autres fois encore cela peut être équivalent.

Tout dépend du comportement d'achat de votre audience, de vos produits, de la pertinence de vos packs thématiques, etc.

Et ici, seuls les tests pourront déterminer ce qui fonctionne le mieux pour vous.

Voyons voir maintenant dans la deuxième partie comment pousser les choses à l'extrême avec la "technique de la dernière chance" pour toucher le jackpot et sauver un business de la faillite.

IV.2- La "technique de la dernière chance" pour toucher le jackpot et sauver un business de la faillite.

Vous allez voir ici comment pousser les promos flash encore plus loin et découvrir la technique du buy out, ou technique de la dernière chance.

Cette technique est extrêmement puissante et a été évoquée par le serial entrepreneur Andrew Root, notamment dans son livre "Cunningly Clever Marketing".

Elle est tellement puissante qu'elle a sauvé de la faillite pas mal de business qui n'avaient pas forcément de produits, et en leur permettant de réaliser le meilleur résultat en termes de chiffre d'affaires qu'ils n'ont jamais eu.

Elle est applicable à tous types de business, à condition d'être un peu créatif.

Ainsi, Andrew Root s'est à un moment de sa carrière spécialisé dans le business du golf en tant que consultant qui aide les gérants de golf à faire plus de ventes et avoir plus de clients.

Une fois, il est tombé sur un patron de golf au bord de la faillite et qui avait besoin de trésorerie immédiatement.

Il avait demandé à de nombreuses banques de lui faire un crédit, mais on lui a à chaque fois claqué la porte au nez.

Il se trouvait alors un peu dans une situation désespérée au moment où il a fait appel à Andrew Root.

Ce dernier lui a alors dit de tester la chose suivante.

Au lieu d'aller voir les banques pour obtenir un prêt, l'idée était de faire un buy out.

L'abonnement au golf était de 500 dollars par mois ou de 5000 dollars par an.

Le gérant a alors décidé sur les conseils d'Andrew de faire un buy out et de proposer aux gens une offre VIP pour être membre d'honneur à vie du golf, et qui coûte l'équivalent de 10 ans d'abonnement, soit 50 000 dollars.

Bien entendu, l'offre jouait sur le prestige et était présentée de telle manière que les gens comprenaient clairement qu'ils seraient perçus comme étant des membres VIP, avec un accès illimité au golf jusqu'à la fin de leur vie, avec des accès spéciaux et prioritaires, leur propre casier avec leur nom gravé dessus, etc.

Ils ont alors récolté des millions de dollars avec plusieurs dizaines de personnes qui ont bondi sur l'occasion (par ailleurs à 50000 dollars la place il suffit de 20 clients pour atteindre le million).

Il y a ainsi plein de business où on peut faire des buy out, ou du moins s'en inspirer.

Par exemple, prenons le cas des clubs de fitness.

Bien souvent, ces clubs cherchent à vendre un maximum d'abonnements à long terme car ils savent pertinemment que les gens ne tiennent en général pas leurs résolutions de perdre du poids ou de faire du sport sur la durée et démissionnent au bout de quelques séances.

Un buy out peut très bien fonctionner dans ce cas.

Pour ce qui concerne un business sur Internet, il y a également plusieurs façons de faire un buy out.

La première façon concerne les sites à abonnements.

Si par exemple vous avez sur votre site ou blog une formule à abonnement où les gens doivent payer une certaine somme chaque mois pour accéder à un nouveau contenu, à un espace membre ou à un service en ligne, vous pouvez réaliser un buy out en proposant un abonnement VIP à vie ou pendant 10 ans, avec peut-être des fonctionnalités supplémentaires où seuls ces membres auront droit (par exemple vous contacter ou vous poser des questions personnellement, etc.).

L'idée est aussi de proposer une compensation ou une sortie possible si jamais vous arrêtez un jour votre business.

Au final vous ne serez pas perdant si par exemple vous proposez un abonnement de 10 ans, car très peu de personnes seraient réellement restées aussi longtemps en temps normal.

En effet, les gens ont souvent tendance à ne jamais utiliser tout ce qu'ils achètent, mais ils l'achètent car il y a de gros chiffres derrière (par exemple ceux qui achètent 100 Giga octets de stockage et n'en utilisent que 10 ou 15) et aussi pour avoir un certain prestige par rapport aux autres.

La deuxième façon d'appliquer un buy out est pour les sites ou blogs qui vendent non pas des abonnements mais des produits.

L'idée est de faire un buy out en vendant d'un seul coup la totalité de vos produits.

Vous pouvez alors faire une promo flash avancée avec un buy out et toucher le jackpot.

Par exemple, vous pouvez faire une promo flash ayant pour titre :

"Je vend tout"

Puis dans vos emails vous avez un lien qui redirige vers une page où toutes vos formations sont listées.

Evidemment, plus vous en avez, plus vous pourrez vendre à un tarif élevé.

En mettant un tel titre qui suscite la curiosité car vous ne dites pas exactement de quoi il s'agit, vous allez probablement obtenir un taux de clic énorme.

Vous proposez alors toutes vos formations dans un pack et faire une promo flash en trois paliers sur une semaine, avec une grosse remise sur le premier palier, une remise moindre mais toujours importante sur le deuxième palier, et une remise beaucoup moins importante sur le troisième palier.

Bien entendu sans oublier de faire un email de relance pour chaque palier.

Certains marketeurs ont ainsi pu générer plus de 45000 euros en l'espace d'une semaine par cette technique, qui peut vous aussi vous apporter un record historique en termes de ventes et de revenus et littéralement sauver votre business de la faillite le jour où vous serez sur le point de mettre la clé sous la porte.

Vous pouvez bien évidemment aussi utiliser une promo flash et utiliser exactement le même principe si vous faites un buy out pour un site à abonnement.

Ceci termine ce quatrième module.

Vous y avez découvert des modèles de promos flash avancés qui vous permettent de faire des opérations pour gagner beaucoup plus qu'une promo flash de base.

Vous avez dans une première partie vu comment vous pouviez facilement multiplier par trois les revenus générés par une promo flash en proposant des packs thématiques au lieu de produits simples.

Vous avez ensuite vu dans une deuxième partie la technique du buy out ou de la "dernière chance", qui peut littéralement vous faire toucher le jackpot ou vous sauver de la faillite.

Ces deux techniques extrêmement puissantes en termes de résultats terminent cette formation, qu'il reste à conclure en page suivante.

CONCLUSION.

Cette formation est maintenant terminée, et vous a permis de voir comment vous pouvez simplement et efficacement propulser vos ventes et vos revenus à un niveau qui n'a plus rien à voir, en utilisant les promos flash.

Vous avez pu y découvrir des stratégies qui vous permettent de vendre davantage à l'aide des promos flash en 1 à 7 jours qu'en un mois complet en utilisant des modèles traditionnels de promotion inefficaces, ou même de toucher un véritable jackpot ou sauver votre business de la faillite.

Voici donc tout ce que vous avez appris dans cette formation.

Dans un premier module, vous avez découvert le principe général de fonctionnement des promos flash ainsi que des lancements orchestrés.

Vous avez pu voir comment les promos flash utilisent la puissance des lancements orchestrés tout en évitant tous leurs inconvénients.

Dans un deuxième module, vous avez pu voir un plan d'action détaillé pour mettre en oeuvre une promo flash, que vous pouvez directement recopier et tester aujourd'hui même, et constater vos résultats dès demain matin.

Vous avez ensuite découvert dans le troisième module comment vous pouviez créer et élargir facilement et rapidement votre ligne de produits.

Vous avez d'abord vu comment démarrer et créer simplement et rapidement votre ligne de produits même si vous n'en avez aucun actuellement.

Vous avez ensuite vu comment étendre votre ligne de produits en un rien de temps et avoir des produits beaucoup plus chers sans même avoir besoin d'en créer des nouveaux.

Ce module vous permet alors de réaliser des promos flash non pas de manière ponctuelle, mais sur une base régulière, idéalement toutes les semaines ou toutes les deux semaines.

Bien au delà de ne faire qu'un seul "gros coup", vous pourrez ainsi installer une récurrence dans vos revenus et vous assurer d'avoir un modèle de business stable et extrêmement lucratif à long terme.

Enfin, le quatrième module vous a montré des techniques de promo flash avancées, qui vous permettent de tripler vos revenus avec une promo flash, ou carrément de toucher un véritable jackpot et sauver un business de la faillite.

Le gros avantage des promos flash est qu'elles sont très simples et rapides à mettre en place et qu'elles donnent des résultats extrêmes en termes de ventes.

Si vous les utilisez et installez un calendrier régulier de promos flash, vous obtiendrez des revenus qui dépassent largement la moyenne et tout ce qu'on peut obtenir en termes de ventes lorsqu'on vend sur un modèle classique de type page catalogue, dans lequel on laisse l'embarras du choix aux gens.

Même si vous êtes dans une thématique très spécifique avec une petite audience et un nombre restreint de fans et de personnes qui vous suivent, vous pourrez excéder de 5, 10 ou même 30 fois les revenus de sites à grosse audience mais qui ont simplement un petit produit ou qui utilisent les techniques de promotion classiques.

Je vous souhaite tous mes voeux de succès avec les promos flash pour propulser vos ventes et revenus au niveau supérieur et vous dis à bientôt, j'espère, dans une prochaine formation.

A PROPOS DE L'AUTEUR.

Rémy Roulier est un ancien ingénieur informatique et responsable marketing dans une multinationale.

Il est aujourd'hui auteur best-seller, digital nomad et voyage partout dans le monde, ayant acquis depuis plus de dix ans une véritable expertise dans le marketing internet et le développement personnel.

Il partage aujourd'hui ses outils et son expérience pour permettre aux autres d'atteindre également leur indépendance financière et de façonner leur vie telle qu'ils la désirent vraiment.

CRÉATIONS DU MÊME AUTEUR.

Retrouvez mes nombreuses créations directement sur Amazon.

En voici aussi quelques-unes qui peuvent vous servir :

VENTES EXTREMES AVEC UN LANCEMENT CHOC: MULTIPLIEZ VOS REVENUS INTERNET PAR 5 IMMEDIATEMENT EN VENDANT FACILEMENT UN PRODUIT CHER OU QUI N'EXISTE PAS ENCORE.
Une méthode de la série "ventes extrêmes" qui vous permet de vendre et créer facilement un produit de 500 à 1000 euros sur votre blog en utilisant un lancement choc. Faites vos premières ventes dès demain et multipliez vos revenus par 5, même si vous avez une petite audience ou que vous n'avez pas de produit.

DEVENIR RICHE AVEC UNE PETITE MAILING LIST: LE SYSTEME EMAIL MARKETING COMPLET POUR CONSTRUIRE ET TRANSFORMER UNE MAILING LIST (MEME PETITE) EN POULE AUX OEUFS D'OR.
Un nouveau système email marketing complet qui vous guide pas-à-pas pour construire une mailing list de prospects ciblés en un temps record, et qui vous montre comment extraire un maximum d'argent de n'importe quelle liste, qu'elle soit morte et n'ouvre plus vos emails, ou qu'elle soit très petite.

LA RETRAITE À 30 ANS: COMMENT PRENDRE SA RETRAITE ET ATTEINDRE L'INDEPENDANCE FINANCIERE 4 FOIS PLUS VITE QUE LES AUTRES, VOYAGER, VIVRE SES REVES ET ETRE HEUREUX.

Une méthode qui vous guide pas-à-pas pour prendre votre retraite et arrêter de travailler le plus rapidement possible et 4 fois plus vite ou plus que les autres. Dévorez vite ces informations qui bientôt redeviendront introuvables, et qui vont vous permettre de prendre votre retraite à 30 ans, voyager, vivre vos rêves et être heureux.

TRAFIC WEB EXTRÊME EN CREANT UN FAUX LIVRE: COMMENT ECRIRE UN LIVRE INCONTOURNABLE SANS RIEN REDIGER ET PROPULSER SON BLOG, DECUPLER SON TRAFIC INTERNET, EXPLOSER SA MAILING LIST.

Découvrez comment vous pouvez facilement et rapidement créer un livre qui soit incontournable dans votre thématique sans rien devoir rédiger. Puis, distribuez-le pour faire le buzz, décupler votre trafic et exploser votre mailing list de personnes hyper ciblées. Avec cette technique, certains sont devenus N°1 de leur thématique, pourquoi pas vous?

ECRIRE UN EBOOK IRRESISTIBLE EN UN WEEK-END:
LA NOUVELLE METHODE POUR ECRIRE UN LIVRE QUE LES LECTEURS
ADORENT, PRET A VENDRE LUNDI MATIN.
Laissez-vous guider par une procédure simple et d'une efficacité
redoutable pour créer en seulement un week-end un ebook que les
gens vont s'arracher, même si vous n'êtes pas expert dans un domaine.

DEVENIR RICHE EN 42 JOURS:
LA METHODE PAS-A-PAS POUR.GAGNER DE L'ARGENT SUR INTERNET ET
VIVRE SES REVES EN PARTANT DE RIEN.
Une méthode prouvée qui vous guide pas-à-pas et vous permet
d'atteindre votre indépendance financière en 42 jours grâce à Internet,
même si vous démarrez actuellement de rien. Un must à ne pas
manquer.

www.ingramcontent.com/pod-product-compliance
Lightning Source LLC
Chambersburg PA
CBHW070403190526
45169CB00003B/1089